빈길

각 시선집 15

문충성 詩集

갑

지은이 문충성
펴낸이 박경훈
펴낸곳 도서출판 각

초판 인쇄 2008년 12월 18일
초판 발행 2008년 12월 22일

도서출판 각
주소 690-800 제주도 제주시 건입동 89번지
전화 064 · 725 · 4410
팩스 064 · 759 · 4410
홈페이지 www.gakbook.co.kr
등록번호 제80호
등록일 1999년 2월 3일

ISBN 978-89-6208-012-4 03810

값 8,000원

※ 이 책의 제작비 일부는 제주도문예진흥기금의 지원을 받았습니다.
※ 잘못된 책은 바꾸어 드립니다.

自 序

　별세하는 이들이 많아져 간다. 멍청하게, 나는 놀라고 있다.
　그 놀라움 가운데, 하나는 내가 이토록 오래 살았는데도, 아직도 빈손인 것이 무서운 일이요, 다른 하나는 별로 오래 살았다는 생각이 절실히 들지 않는다는 것이다. 대체로, 나는 '겁 없이 헛살아 왔고, 헛살고 있다.' 는 말이 되겠다.
　처음에 나는 만물을 내 나름대로 사랑하며, 그 사랑을 노래하고 싶었다. 그런데, 사랑하는 것이 살아갈수록 이토록 어려운 일인 줄 몰랐다. 고희를 맞으며 이제 나는 사랑을 향한 미움의 노래를 그만 부르고 싶어졌다.
　시시한 일이지만 이 깨달음을 얻어내는 데, 반 백년이 걸렸다.
　그렇구나! 사람이 무엇을, 누구를 사랑하며 사람으로 산다는 것이 참으로 어려운 일이구나!
　빈 길이나 만들며.

2008년 빈 가을날에
문 충 성

자서

차례

하얗게 · 13
시 2 · 14
나는 여기 있고 너는 저기 있고 · 16
나날들 · 18
수평선 위로 울렁울렁 파도 일고 · 19
소나기 · 21
세 그루 말라죽은 왕대나무 · 23
8행시 · 25
영등포역 풍경 · 26
앞문에서 · 27
거지근성 · 28
동촌에서 동동주 마시다 · 30
길동 근처 · 31
존재하지 않는 것들이 · 32

빈 수레꾼들 빈 행진 • 33

광화문 앞을 지나며 • 34

꽃에게 • 36

위대한 죽음 • 37

만남의 끝 혹은 시작 • 38

아름다운 새해를 맞이하기 위한 기도 • 39

빈 길 • 40

서천 갈대밭 풍경 • 42

보랏빛 지우며 • 43

공산명월 • 45

꽃이 진다 • 46

현기증에 대한 고찰 • 48

절대자를 향하여 • 49

말머리공원 가는 길 • 50

거꾸로 보는 세상 • 52

서서 죽다 • 53

별세 • 55

40년도 더 지나 김양식 형이 처음으로 내 꿈속에 나타났다 • 57

연등 켜고 · 59

통일전망대에서 통일을 보다 · 60

산짓다리(山地橋) · 61

삼양해수욕장에서 · 63

시계 · 65

백년 만에 눈 내린다 · 66

괭이갈매기 · 67

고사리 · 70

거울 속엔 · 72

조약돌들의 하찮은 청원 · 73

멍텅구리 愁心歌 · 74

미친 짓거리 · 77

妖精이 살지 않는 우리 숲은 어느새 골프장이 되고 · 78

삶을 위하여 · 80

노랑장화 · 81

시내버스 타고 가는 길에 · 82

우연 · 84

폐업 직전 · 85

파닥파닥 · 86

다마내기, 그 무서운 기억 · 88

悲忘日記 · 90

봄 잠 · 92

불새 · 94

연어의 귀향 · 96

東鶴寺 · 98

立春 무렵 · 99

아주 자그만 노래 · 101

파르르르 · 102

무지개 · 103

세계는 둥글었네 · 104

미움은 그냥 미움으로 남아 · 105

눈동자 새까맣게 빛나고 · 106

이대해장국 집 · 108

엉터리나라에서 살아남기 위하여 · 109

길동에서 자귀나무를 만나다 · 111

빈길

하얗게

절대로 안 변할 줄 알았어요
세월은 보랏빛
내 꿈을
하얗게

만들었어요
죽음의 빛까지
하얗게

모두
없어졌어요
꿈까지도

변할 게 없지요 그러나
절대로 안 변하는 줄 알았어요 나는

시 2

35년 전부터 시퍼렇게 녹슨 칼
이 칼로 아무것도 못했다
무엇을 할 수 있었을까 천 원짜리
돈 주고 갈았다
경기도 고양시 주엽1동
막내딸 사는 아파트단지에 장이 서는 날
벙어리
칼 가는 할아버지 이름없이
말없이
시시한 토씨들 털어내고
시퍼런 녹 닦아내어 하얗게
날을 세웠다
이제
캄캄한 어두움도 싹둑싹둑
잘라낼 수 있을까 이 칼로
부정
부패
슬픔
외로움도
싹둑
기쁨도 싹둑

잘라낼 수 있을까 그러나 녹슨 칼로
이것저것 다 잘라내다 보니 내겐
잘라낼 아무 것도 남아 있지 않구나
그래, 알겠다
칼 가는 법 배워
칼 가는 사람 될까
돈은 별로 못 벌겠지만
돈이 사람 가치가 되어버렸다지만
돈으로 천국도 산다지만 중세부터
내 가슴 속 깊은 곳에서 줄줄
따라다니던 그림자일까
울고 있는 것은 무엇일까 아아!
내 죽음 잘라낼 칼을 갈까
스스로 칼 가는 법 익히며
칼을 간다 마침내
법을 버리고
시퍼런 한 자루
칼이 되는 날 새하얗게
이승과 저승 하늘 베어낼 수 있을까

나는 여기 있고 너는 저기 있고
- 영화 '왕의 남자'를 보며

나는 여기 있고 너는 저기 있고
허나 우리는 천민이다
광대다
어디
광대 아닌 사람 있나?
아들 되어서
딸 되어서
그래
애비 되어서
에미 되어서
나이 들면
할애비 되어서
할미 되어서
남의 세상에서
광대 노릇하다 우리는
한 목마름 찾아내느니
하늘에서
땅에서
아니다
하늘과 땅 그 사이에서
그림자도 내버리고 쿵더쿵 쿵더쿵

삶의 줄을 타며 쿵더쿵 쿵더쿵
명예와 돈과 눈에 안 보이는 높은 자리
옛날에 희망이라 부르는 것들
고쳐 만든 민주주의
생각은 생각을 만드느니
내가 누군지도 모르면서
나는 여기 있고 너는 저기 있고
아니다
나는 저기 있고
너는 여기 있고
그러나
보아라
이제는 천민이란 없다
아무것도 없다 스크린이 꺼지면

나날들

아직 무지개는 잠 속에 있습니까
그 잠 속엔 그러니까 내 유년의 그림자들 잠자고 있습니까
자치기로 넓혀 놓은 땅 삼천리

아니
한 뼘 메뚜기 알 까놓은 보물 지도
얼마나 많은 나날들
잠 속에 파묻었습니까

프랑스 빵 빌어다 죽 쒀먹던 가난 아무리 뒤져봐도
손에 잡히는 것이란 썩어가는 한 톨 조선산 옛 얘기
살기 위해서 일해야 합니까
죽기 위해서 없는 신 섬겨야 합니까

이마
위로 뜹니까
한 무지개
머리칼 날리며

수평선 위로 울렁울렁 파도 일고

남욱이와 동헌이와 종래와
우리는 찾아갔네
涯月
바닷가
빗자루 탄 마녀네 집

서울마녀 오가며
홀에 나앉아
따라주는
커피 마시며
바라보았네
미쳐난 바닷바람 뚫고
미쳐나는 바닷새들
눈보라 치는 하얀 세상

하얀 달은 뜨겠지만
너덜너덜
파헤쳐지는 涯月이여
슬픔이여
미쳐난 바다
수평선 위로

울렁울렁
파도 일고
저녁 빛 지고

소나기

열대야가 한 달 계속된다 빌어먹을
때로 기상예보 틀리기도 하는 신통찮은
국민의 방송
앞으로 보름은 더 이어진다고 열대야가
멋 낸 기상 캐스터 야릇한 미소 띠고
말한다 손으로 지도 가리키며
전국적으로 곳에 따라
내일
소나기가 내리겠다고

그런데
내일
우리 동네엔 소나기가 내리지 않았다

죽어가던 달개비 한 그루
물주면 살겠다고
야생화 전문가 K씨 자신 있게
말했다
생명력이 대단하다고
화분에서 자라던
달개비 한 그루

그러나
말라죽고 누렇게
누렇게
누렇게
보랏빛 꽃 피운다더니

세 그루 말라죽은 왕대나무

다들 멋지다 했다 새집 지어 집들이 할 때
처음 왕대나무들 심었을 때
10년 전 이야기
이젠
놀러오는 이들 아무 있을까
놀러 올 이들 다 죽었나
일곱 그루 왕대나무
그새
죽다 살다 세 그루 살았나
네 그루 잘라냈다
몇 차례
태풍에 뿌리 끝까지 흔들려
다 죽었나 그냥
자르지 않고 놔뒀다
아침저녁으로
잡새들 죽은
왕대나무 가지에
날아와 앉아
죽은 왕대나문 줄도 모르고
빛나는 세상
고달픈 자기네 삶

노래하다
날아가고
날아오고

8행시
- 시인 오규원에게

야! 사라졌구나!

강화 섬에서

수목장이라니

나무 곁에

나무 속에

나무 위에

한 점 허공 되어

드디어

영등포역 풍경

서울 시민들 낯선
팔도 잡동사니 시, 군, 면, 이민들
삶을 좇아
유행 찾아

싸구려 몇 푼 일제히
오가는 백화점들 건방지게
살고 있었네
자그만 쓰레기 더미나 무덤처럼 여기저기

누워있었네
앉아있었네
하느님 곁에

잠자는 게 꿈꾸는 날 같은 날
전철도 지하철도 오가지 않던 날
이름도 잊혀진 채 깊은 밤
텅 비어 있었네 영등포역은

앞문에서

아무리 열려 애쓰지만 문은 열리지 않습니까

바깥세상은 아무리 생각해 봐도 캄캄합니까 언제나

환한 안 세상에서 울고 있습니까 나는

잠자거나

놀거나

똥 싸거나

결코 배고파 우는 게 아닙니까

닫혀 있습니까 문은 아무리 열려 애쓰지만

반세기 동안 그리운 녀석들 먼저 열고 갔습니까

그것은 내 죽음들이었습니까 생각해보면 곰곰이

거지근성

나
태어난 곳이 캥캥
목마른 식민집니까
동족끼리
동서도
남북도
배운 것 없어 죽어라 싸우다
애비 잃고
애비로
자라나 젊은 날엔
호랑나비 되는 꿈꾸고자 잠잡니까
죽어 묻힐 한 뙈기
땅조차 마련 못 했습니까
화장해 한 줌 재
바람 좋은 날 꾸벅
꾸벅 슬픔
졸며
시시허게
주인 없는 망각 속에
휘뿌릴
이름이나 구걸하고 있습니까

친구도 없이
제자도 없이
홀로
나

동촌에서 동동주 마시다

촌장이 없습니까
주모도 없습니까
동동주만
있습니까 가고 옴이
비어 있습니까 없음이

동동주를 마십니까 동촌에서
어스름
달밤에
찢어진

생각들
어스름에
걸어놓고

길동 근처

겨울날인데도 찬바람 한 장 불지 않습니까 깊숙이
새벽안개만 자라나서 동서남북 먹어버렸습니까
내리다 그친 눈도 모습 지우고 눈 나라엘 갔습니까
가고 오는 이들 한 사람 아는 이 없습니까
번쩍번쩍
무섭습니까 병든 간판들
LA소갈비 헬스 간판들
내 그림자 누이고 서성댑니까 나는
갈 곳 찾아
지하철 타고 5호선과 3호선
오가면서
길 잃고
눈 비비며
길동이여, 천지에 돈 쓰는
촌수조차 따질 수 없는
돈 버는 직업들 사이에 있습니까
실직자들만 꿈속을 떠돌고 있습니까

존재하지 않는 것들이

슬픈 것은 존재하기 때문이다 우리가
존재하지 않는다면 슬프지 않을 것이다
몇 백 년 판쳐온 존재하지 않는 것들
때로 슬프고
때로 고통스럽고
때로 행복하다 우리는
얼마나 나위 없는 바보인가
무릉도원
이어도
유토피아
자유
평등
박애
산타 클로스
파라다이스
시
지옥

빈 수레꾼들 빈 행진

시대 역사 까먹는 자들 빈 논리

누가 읽는가 스테판 말라르메

누가 읽을 수는 있는가

한글로

아니면

영어로…… 그럼

읽을 수야 있지

빈 수레꾼들 빈 행진

엉터리들

천재들

빈 웃음소리들

광화문 앞을 지나며

비가 먼저 떠난다 진짜 가짜들
빗소리가 나중에 떠난다

피난길 떠난다
양심도 자리를 비운다 우리 시대

고뇌와 슬픔도 떠난다
죽음 떠나면 남는 건
무엇이 있을까

광화문 앞을 지나며
조선왕조 어찌 오백 년뿐이랴
그 꼴도 보기 싫은
천하 잡소리 판치는
패거리들

만난다
고립
고독
적막
겨울

아, 빗소리
한 잎
마지막으로 떠난다

꽃에게

천지는 온통 난리통
여기저기 꽃피어나는 소리들
아! 참으로 시 쓰는 일이 부끄럽구나!

문 열어라
문 서방 왔다, 꽃이여!
그깟 벌 나비들
쫓아버려라 멀리

살기 위해
밥을 구걸하지 말라
빛나는 날이 없어도 어둠 속에서
어둠 삭이며 빛나는 사랑을
꽃 피울 줄 아느니

험한 가시밭 길 터진 구두 신고
걸어 왔다 피 흘리며
문 열어라! 꽃이여!
꽃 피우던 꽃 한 송이
봄볕 날개 달고
천공을 날고 있구나!
이름도 없이

위대한 죽음

친구들과 저녁 먹을 때
정 아무개가 밥이고
돈이고
빌어먹을 문화고 예술이고
알 바 없다
12층에서 떨어져 죽었다고
떠들고 있을 때
한 친구가 말했네
- 나는 1층 짜리 집에 살아서
떨어져 죽을 수가 없어!
그때 누군가가 말했지
- 그래, 떨어져 죽을 생각은 해보고?

만남의 끝 혹은 시작

만나자 전화했다 만남 대신에
전화 왔다 소학교
어깨동무들

전화해도 받지 않는다
싸구려 이동전화에 가입했나?
아니면 해지했나?

언제나
자주 변해 가는
세상 떠나 저 세상 갔나
알 수 없다?

그래, 그래
빈 길 되어 버린
우리 집
앞에서 우리 만나자?

아름다운 새해를 맞이하기 위한 기도

올해도
산 위에 오르거나
바닷가에서 새해
맞지 않게 하소서
이불 속에서 제발

뜨는 새해 맞게 하소서
삼백육십오 일
하루 같이
밥 잘 먹고
똥 잘 눌 수 있게

새해 같이
하느님

빈 길

사라져버렸다 내가 다니던 길

끝내

찾을 수 없다

바람이 되었나

바람 불면 흙먼지에 휩싸여

먼지투성이 되던 길

늦여름

저물녘

시뻘겋게 지는 해

가슴에 품고 저마다

찬란한 금빛 비상 마련하는

고추잠자리들

쫑 쫑 쫑

날아다니던 그

빈 길

서천 갈대밭 풍경

누런 세상이 파란 세상과 어울립니다
갈댓잎 바람 소리
장승들 모가지에 걸립니다
떠나고 싶은 배들
장안 해수욕장을 지나며
북 소리가 지는 해에 녹아
등대에 불을 켭니다
하얀 구름들 하늘이 됩니다

보랏빛 지우며

드디어 황톳빛 위로
삶의 꼭대기에 올라왔습니까 그러니까
이제는 밑으로 내려가야 될 시간입니까
올라오는데 죽을 힘 다 빼서 아무리 힘들었다 해도 그때가
좋았다고들 합니까
바람 부는 날
한 점
바람으로
떠돌다 누더기
바람 되어 떠나야 합니까
내려가는 길이 더 힘들다고 하던
옛 선배 생각이 서서히
패랭이꽃
찌그러진 그림자 흔들게 합니까
어 이 !
소리 질러도
어 이 !
되돌아오는 건 메아리뿐 나는
지금 어디쯤 있습니까
산작지왓 근처
할로산 서북벽 근처

보랏빛 지우며
한 점
바람으로

공산명월

만산에 불 지르면 공산이 되느냐
가슴에 불질러온 불씨 모두 모아
불 지르자
다 태어버리자
달나라까지 불 질러
이 세상 온갖
그리움
다 태워버리자
그대 그리움에 불 지르면
불세상이 되느냐 나도
황금빛으로 타오르는 그리움
목숨조차 태워버릴까
그리움 태워 버리면 드디어
공산이 되느냐 그대와 내가
하나 되는
명월이 되느냐

꽃이 진다

꽃이 진다 꽃 진 자리에 저마다
하늘 한 조각 등에 지고 아름답다
흘러가는 바람 등에 누워 흘러가는
구름처럼 꽃이 진다 꽃이 진다

백목련꽃

진달래꽃

왕벚꽃

양지꽃

민들레꽃

제비꽃

별꽃

달맞이꽃

산수유꽃

자운영꽃들이 진다 봄날

저마다 다른 꽃잎 색깔 다른

크기마다 그림자 하나씩

호젓이

가슴에 품고

꽃이 진다

지는 꽃은 세상을 한번씩 아랑곳 한다
지는 꽃은 배운 대로
사랑과
이별과
슬픔과
환생을 노래한다
비록 한 줌 흙이 될지라도
아름답다 눈부시게
봄날이 진다

현기증에 대한 고찰

여기는 어디쯤일까
어느 문학단체 고문이거나
어떤 자리 하나 만들어 주어야 나는

제주에서
우리 어울리는 시간 지어낼까, 아니다
서울특별시 강동구 길동 지나와서
경기도 고양시 일산구 마두동 호수공원 어디쯤
걸어가고 있는 나를 본다 나는

지금은 꿈속에서 빠져나가야 할 시간
눈앞이 캄캄하기만 하구나 마침내
현 총장이 꿈속을 빠져나갔다 한다

어저께
여기는 어디쯤일까

절대자를 향하여

재민의 무덤엘 갔다
나 혼자
왔다

김현의 무덤엔 갈 수 없다
나 혼자
찾아 갈 수가 없다

누구와 가야지
나 혼자
어디를?
내 무덤에?

무덤 없는 양식(陽植)이 형
요즘
내 꿈속에
뜬다
40여 년 저편 세상이

말머리공원 가는 길

리기다소나무
사과나무
느티나무
도시 잔디 된 야생 잔디들
떨어져 나뒹구는 이파리들

말머리공원 향해 걸어가며
두 살짜리 손녀와 낙엽 밟는다
2004년 1월 9일

아픈 허리 간신히 펴고
백석중학교 옆길 지나
가슴 가득 쌓이는 햇살 밟으며

어떤 할머니 빈 인사 한다
- "애 보는 것보다 일하는 게 나아요."

정월 초순 어진 바람
말머리공원 가는 길 환하니 밝히고
길가에서
문득

김병익 형 만나듯

오늘은 혹여 아는 뉘 만날 수 있을까
그래 저승 가서도 그리운 이들
만날 수 있을까
문득

거꾸로 보는 세상

지금까지 대단해 보였던 것들, 놈들, 년들
아무 것도 아니 보이데 재미있던 것들이

어째서 저토록 시시하게
재미없는 것일까 참으로
하잘 나위 없는 것들, 놈들, 년들
대단해 보이데 속까지

환히
들여다보이는
빈
창자 속 창자
재미만 보이고

거꾸로 보는 세상은
그래도 개가 사람으로 아니 보이데
아무것도

서서 죽다
- 한 곤충학자의 죽음을 위하여

젊은 날
할 만큼 공부도 했다
한라산만 오르내렸을까

세상은 외로움이었다
한라산 동식물들 곤충들
만날 때마다
그래 그만큼 아름다운 줄도 알았다

'데 · 칸 · 쇼'* 읽으며
험한 세상
고통 속에서
재미있게
살 때도 있었다
브람스도 앉아 들었다

아름다움이었다
죽을 때도
눈보라치는 밤
깊숙이
눈 속

걸어가다

서서
죽고 나서야
더운 피
삭이고
누웠다
지상에
마침내

쇼팽의 진혼곡 들려오지 않았다
바람 소리뿐

* '데·칸·쇼'는 '데카르트, 칸트, 쇼펜하우어'.

별세

2004년 4월 28일
김영호 교수께서 세상을 뜨셨다 한다
떠나면서 아무 말씀도 안하셨다 한다
이튿날
상경했다
그의 영전 앞에서 나도
말없이
고작
국화 한 송이 놓는 일밖에 못했다
눈물 한 잎
어디엔가
숨어 나오지 않았다

절하며
절하며
보니 세상 한쪽이 와르르
무너지고 있었다 내가 살아 온
돌아갈 길 찾고 있었다
강남성모병원
영안실
5호

복도
김희영, 고광단 교수들 잘 가라 인사하고

버스 타고
비행기 타고
택시 타고

귀향하는 나
2004년
4월
29일
저물어 갈 때
무너진 내 세상 한 끝 사이로
걸어서

40년도 더 지나 김양식(金陽植) 형이
처음으로 내 꿈속에 나타났다

내 청춘 찢어놓은
한 줄기 뇌우였다, 아니다,
벼락치고 사라진 내 혼 속
한 줄기 빛이었다, 김양식 형!
그를 통해 엘뤼아르를,

보들레르를,
말라르메를,
생 텍쥐페리의 '어린 왕자'를,
앙드레 지드를 나는
만났다, 1950년대 말 그는
'진향성 신경마비'를 앓고 있었다

40년도 더 지나
2004년 6월 16일 새벽 3시, 형아!
내 꿈속 뚫고 어디로
사라져갔는가, 제주읍 칠성통
어느 당구장에서 우리는
당구를 치고 있었다, 아니다,

서울의 어느 다방에서

재민이와 셋이서 듣고 있었다
샹송 'La mer, 바다'를,
'위스키 떠블' 마시며
번역하고 있다는 지드의 '좁은 문',

'전원교향악' 들으며
아, 40년도 더 전에
내 가슴
어느
한 녘
그리움의 어둠 속에 묻혔다

아니다
사라 오름
그 어디쯤
아, 자그마한 오름 이뤄
사라져버린
형아!
형아!

연등 켜고

해마다
새 울고
꽃 피고
파란 바람 부는
5월 오면 함께
오시는 분

연등 켜고
연등 달고

굶주리는 자
목마른 자
병든 자
출세하고 싶어하는 자
돈 벌고 싶어하는 자

자비를 베푸소서
새 울고
꽃 지고
파란 바람 부는
5월에
모두에게

통일전망대에서 통일을 보다

김철 1080 칼국수 한 그릇 먹고
냉수도 한 그릇 마시고

통일 바라보러 통일전망대에 오르다
이번엔 경철이와 지아와 신영이
저번엔 순보와 재희와 유빈이와 정원이
익성이와 영아와 선화도 올랐다고 한다
한강은 서해로 흘러 북쪽으로 가지 않는다

갈대들 잿빛 북풍에 남쪽으로만 쏠린다
이름 모를 하얀 물새들
한강 물 위를 남북으로 북남으로 날고 있다
남풍 불면 갈대들 북쪽으로 쏠린다
침침한 눈 부릅뜨고

아무리 바라보아도 통일전망대에서
통일은 보이지 않는다, 통일이여!
손녀들은 "할아버지, 통일이 누구야?" 묻는다
어디에 있니?
어서 오너라! 천지에 큰 북소리 울리며

산짓다리(山地橋)

몇 년 동안
돈
많이 들여
복원했단다

제주읍
동축항으로
흘러가던
냇물
오가던
낯선 사람들
옛 산짓다리

가고
보니
없었다

전혀 낯선 산지교만
멋들어지게
거기
있었다

더럭
겁이 났다

새파란 바닷물이 밀물져 오고 있었다

삼양해수욕장에서

죽은 게 한 마리
무겁게
하늘 한 짐
등에 지고

모래밭에 엎어져
밀려드는 물결에
하얗게

바다 물결 파랗게
모래밭으로
밀려온다
밀려온다 봄날처럼
따스하다
바람 한 점 없는

2004년 1월 30일 오후
제주시
삼양해수욕장

가득

넘쳐나던
지난 여름
벌거벗은 아이들
웃음소리들

없다 아무도
밀물에 잠겨
죽은 게 한 마리
보이지 않는다
어디로 갔지……

시계

두 살짜리 손녀가 요즘
나를 가르치고 있다 기둥 시계 앞을
지나려면 '시아' 하고
기둥 시계를 손가락으로 가리킨다
손녀 안은 팔에 힘 줘 손녀를 머리 위로 추어올리며
나는 소리친다
기둥은 빼고 - '시계!'

그러나 어림없다
내 손녀는 소리친다
- '시아!'
우리는 시계로 살지만 내 손녀는
시계로 살지 않는다

- '시아!'
어디서
누구에게
배운 것일까

백년 만에 눈 내린다

무더위 속으로 백년 만에
눈 내린다 정말로

눈은 하얗다
거짓말도 하얗다

하느님 하늘 안에 있지 않고
하느님 하늘 밖에 있지 않고
그러므로
죽은 자 죽어 망각 속에 있고
사는 자 살아 거짓 속에 있고

세상은 돌고 있다 부지런히
살고 있다 죽기 위해
눈 내린다 백년 만에

하얗다
하느님

괭이갈매기

2005년 4월 1일부터
전국문학인대회가 제주에서 열린단다
우리는 단합 대회 하려고
遮歸 섬 찾아갔다
그때
관광객용 낚싯배 빌어 타고
섬들 주위
꿀벌 떼 돌 듯 한 바퀴 돌았다
눈 내리는 할로산 아득히
괭이갈매기 한 마리
뱃전 위로
날아간다 그 아래
서 있던
오승국
소리쳤다
야! 괭이갈매기야! 거나하게 취기 올라
눈동자까지 빨개진 오승국은 아니 날씬하다
눈알이 빨간 괭이갈매기는 날씬하다!
遮歸 포구에 내렸다
추웠다
횟집에서

생선회
소주 한라산 마시고
밥 먹고
커피 마시고
단합대회 마쳤다
어금니와 어금니 사이에 낀 고달픈 하루를 쑤셨다
遮歸 섬 저녁 노을 구경 못했다
어두워오는 귀로 찾아
관광버스 탔다 부지런히
한창 버스는 달려가고 갑자기
오승국이 마이크 잡았다
노래나 부르려는 줄 알았다
빨개진 눈동자 치켜뜨고 큰 소리로 그가 말했다
- 어떤 사람들은 저보고
  민족시인이라고 합니다! 그래
취한 값 하려나 싶었다 그런데
기 죽여 목소리 아주 깔고 들릴락 말락
그는 말했다 아주 자그마하게
- 그런데 저는 삼류시인입니다
웅성대던 버스 안
조용해졌다 눈알이 빨간

괭이갈매기
한 마리
아니 날았다 이 분단시대 과연
누가 일류인가 끼리끼리

고사리

봄비 내린 뒤
고사리 꺾는다
새 봄 꺾는다고 히히대는 잡종들
속에

나는
없다

고사리
도르르
새순 새파라니
피워 올리는

할마니
하르방
어멍
연둣빛
봄비
짓는
꿈
속에

있다
나는

거울 속엔

애야, 할아비가 있네 거울 속엔
보아라
할아비 때 묻은 나날들
바람 소리들

살고 있네 바람 소리로 열리는
이 풍진세상 별 같은 녀석들
살고 있는 하늘 점점
거세어져 가는 바람 소리
핏빛 무지개들
산산이 찢어져 있네

캄캄해지는 하늘 점점
보아라, 하늘이 없네, 아아!
아무것도 없네, 별들도, 달도,
거울 속엔, 애야!
바람 소리도
할아비도

조약돌들의 하찮은 청원

쓰레기 넘쳐나는 시내들
병아리 오줌 만한 냇물도 없어
本籍 없는 잡초만 무성하니
복개해 주차장으로 쓴다 한다
아, 조약돌들 本籍은 어디인가
자주 바뀌어
주소조차 알 바 없으니
어느 땅에 몸뚱이 두고
어떤 고향 꿈꾸랴
매립 당하지 않기 기도나 하며
캥캥 마른 냇가에서
햇볕에 바스러지며 겨우
모난 세월 반들반들
목숨 잇고 있다 그러나
이름 없는 냇가에서 무더기로
한 가닥 물소리조차 듣지 못한다
차라리
어느 쓰레기 매립지에라도
나자빠지게 해다오 그쯤에서
캥캥 마른 가슴
쓰레기 속에 묻고 아늑히
별 지는 하늘이나 바라볼 수 있게

멍텅구리 愁心歌
- 다시 『三國志演義』를 읽으며

봄날 오후
누렇게 넘쳐난다
햇나비들 날갯짓 소리
게으른 꿀벌들 붕붕대는 소리
때로
잡새들 날아들어
울음 울다 간다
우리 집 뒤뜰 깊숙이
개복숭아 꽃 그늘 자라난다

나관중의 『三國志演義』 정음사판 박태원 번역한 거
그 그늘에 들어 개복숭아 꽃 냄새에 취해
挑園結義편 읽었다 나는
張飛보다 關雲長이 좋았다
얼굴은 무르익은 대춧빛이요
긴 수염은 배꼽까지 내려오고
팔십이 근 靑龍偃月刀 비껴 잡고
적토마에 오르면 천하제일 대장군
뉘 당할 자 있으랴 그러나
학교 가면 교실 없어
송충이들 어깨 위로 떨어지는

소나무 그늘 속
돌덩이 깔고 앉아
영어 단어 외며
방정식 풀었다 6 · 25
중학시절

담홍빛 개복숭아 꽃은 알몸으로
가랑이 벌리며 피어나고 방긋방긋
새파랗게 바람 부는
기억 속으로
함박눈 내리듯 뱅글뱅글
개복숭아 꽃잎 지는데
諸葛亮이여, 그대 가는 길
천하무적이었거늘
삼국통일 이루지 못하고

고작 이뤄낸 삼국정립 대업이어
결의형제 다 죽어
영웅호걸들 다 죽어
마른 꽃잎 속에서
이울다

누렇게 뜬 책장 덮느니
아아!
중학시절이었을까 내가 읽은 것은
삼국지였을까

미친 짓거리

깊은 밤 지나
새벽 5시
잠이나 잘 일이지
별 것 없는 시 쓴다고
한밤
지새우다니
아, 아!
이보다 더 슬픈 일 있을까
싸구려 담배 '새마을' 한 갑
사지도 못할 시
한 편 쓰지도 못하고
'TIME' 한 갑 다 태우며

妖精이 살지 않는 우리 숲은
　　어느새 골프장이 되고

원래 엄지공주 같은 건 살지 않았다 기껏
귀신들, 여우들, 산적들이 살았다
원한에 찬 삼천리

금수강산
요정들이 없다 그 이유를
캐내지 못한다 홍길동이나
임꺽정이네 살며 한때
재미난 세상 만들기도 했다

양복 입고
양옥에 살며
양식 먹으며
영어 배워 영어로 말한다

선녀와 나무꾼이 사는 숲 정도는
골프장 만들어 골프들 친다
세계인이 되어간다
일등국민이 다 되어간다

골프장만 있고 사랑할 나라는 없다

새나라 찾아 이민 간다
세계인이 되어간다
위대한 우리, 우리들은

삶을 위하여

벗겨내어야 한다 빈 껍질은
벗겨내어도 속살이
안 보이면 다시
벗겨내어야 한다 빈 껍질은

속살이
보일 때까지
혼이
비칠 때까지

노랑장화

비가 오지 않는다
논밭 한가운데
산들바람
낮잠 들었다

고추잠자리들
공중에서
잠에 취해 깜박
졸다 파르르
미끄러지고 미끄러지고

벼들은 키 못 키워
고만고만 시들어 간다

신을 수 없다
할애비가 사온 노랑장화
비가 오지 않는다

시내버스 타고 가는 길에

저런 상눔에 자슥!
버스기사는 투덜댄다
시골 콜택시 겁도 없이
방향등 켜지도 않고 아슬아슬
버스 앞으로 끼어 든다 재빨리

급브레이크 밟으며
버스기사는 투덜댄다
콱 받아 버릴까 부다!
그러나 콜택시는 날씬하게
달려 나간다 우회전 길에서
어디로 갔지

없다 문 유리에
시커멓게 썬팅한 고 놈!
털털털 버스는 다음 정거장에서
서고 허리 굽은 노인네 둘이
버스로 올라온다 컬럭컬럭
상눔에 자슥! 시굴서나 까불 거이지!
버스기사는 여태 화가 안 풀렸다

서서히 버스는 달려 나가고
길이 부옇게
봄바람 부는 한낮
가로수 왕벚꽃들
눈 내리듯 날리는데 응얼응얼
상눔에 자슥! 상눔에
자슥!

우연

꿩 꿩 꿩
언제나 제 이름 밝힌다
가시덤불 무성한 들판
달래 캐다
푸드득 푸드득
깜짝 놀라 허리 펴면
꿩 꿩 꿩

장끼 날고 눈부시게
여린 햇살들
천 갈래 만 갈래로 부서진다
부서지는 햇살의 둘레
그 아래
흔들리는 볼레낭들

까마귀머루 새싹들 들끓고
개불알꽃도 쪼그리고 앉아
홍자색 꽃들
겁결에 캑캑
토해낸다 캑캑

폐업 직전

불질러버려!
귤 값이 똥값이다
대학나무라고 예전엔
귤 팔아 자식 대학 보내던
좋은 시절도 있었다
귤나무들 베어낸다

귤 농사하던 이들 망했다
어디 귤 농사뿐이랴
아이엠에프!
경제가 영어판 되면서
에또세또라 에또세또라

망했다 프랑스 책들 문학들
똥값이다
전부 모아 놔
불질러버려!
그러나 불지를
땅이
없다 땅이

파닥파닥

파닥파닥
별도오름 바닷가에서
두 손 파닥이며
날아오름 연습하다
파닥파닥
날아올라
빙빙 바위 위를

갈매기 하나
아득히 나돌아간다
패랭이꽃들
꽃 피우는 시간

눈썹 위로 떠나는 배들
금 간 수평선
하얗게
굶어죽은 물결들
재우고

저녁 햇살들
눈감아도

파닥파닥
날아 오른다
파닥파닥

다마내기, 그 무서운 기억

남의 콩밭에서 콩잎 따다 먹기
남의 참외밭에서 슬쩍 참외 따먹기
그것이 도둑질인 줄 모르던 시절
여섯 살 때였나 태평양전쟁 한창이던 때

밭에서 하루 일 마치고
집으로 돌아오던 우리 식구들
어떤 다마내기 밭길 옆을 지나오고 있었네
여봐란듯 밭담 뛰어넘어 다마내기 밭에서
다마내기 두어 개 뽑아들고 나는 듯
다마내기 밭담 넘어 왔네 나는

자랑스레 외할머니께 갖다드렸네
다마내기들 밭으로 휙 내던지며
얼굴 새빨개진 외할머니
그렇게 노한 눈 처음 보았네
저녁
어스름
안개비 맞으며 집으로 오는 길

아, 부끄러움이여

그것이 도둑질이란 걸 알고 난 건 훨씬 뒤였지만
다마내기가 양파란 걸 알고 난 건 더 훨씬 뒤였지만

그 후부터
다마내기 먹지 못했네
시험 때 커닝 한번 못했지
평생 농사지으며
욕심 죽이며 사셨던
외할머니 노한 눈

내 평생 불 밝혔네
오십 년도 더 지나 문득 길가에서
동네 할머니들 양파 파는 모습 훔쳐보자니
망각 속에서 깨어 나누나 어린 날이
남에겐 한번도 들키지 않았던 그 부끄러움이
그 무서움이

悲忘日記

40년 피워온 담배가 몸에 해롭다 한다
금연하라 버젓이 담배는 팔면서 소월은
애연가였다 한다 오산중학 다닐 때부터
뒤뜰 잔디밭에서 시를 썼다 한다
나보기가 역겨워 가실 때에는
말없이 고이 보내 드리우리다* 줄담배 피우며
시집『진달래꽃』속에 피어 있는 여러 편 시들

온 나라가 담배 피해
얘기에 묻혀 있다 그 속에서
하루해가 뜨고 진다
신문 방송마다
피해만 떠들어 댄다

담배판매를 법으로 금한다거나
담배제조업체를 법으로 없애버린다거나
담배 피우는 백성들을 법으로 잡아 가두라거나

특종하지 않는다 법 만드는
국회의원들도 말이 없다 담배인삼공사에서
담배만 구조 조정한다면

위대한 대한민국이 망할까
세계제일을 좋아하니까

우리 백성 모두 금연한다면
세계 제일 금연국가 될 텐데 틀림없이
금연구역이나 확장한다고 금연할까
이 잿빛 죽음의 시대

어떤 천재 있어 시 쓰기 그만두고
몸에 이로운 장수담배 만들어낸다면
큰 돈 벌까 그래서 지금
연구실에서 연구중일까
실험실에서 실험중일까
줄담배 피워대며

*소월의 시 「진달래꽃」에서 따 씀.

봄 잠

이것저것 잃어버리다
하나 남은 봄 잠
산자락에서 잃어버리다
천왕사
종소리
깔고 누워
들풀세상 헤매어 다니다

지난 겨울 살아남은
눈 소리
꿩 소리
속
떠돌아다니다
아릿아릿
봄 햇살
귓바퀴에 감기는 소리

깨어나 보니
잃어버리다
다 야윈 봄 잠
한 장

돈 구름 투기하다
돈벼락 맞았다는 벼락부자들

하늘 높아도 알 바 없는 경제 뉴스
세무조사해서 세금 추징 한단다 히히히
휴지 쪽처럼 붕붕거리며
봄바람 타고 날아다니는
오후 3시

불새

보아라, 새파랗게
바람 부는 푸른 날
우리 가슴속엔 새해가 떠오른다
탐라 오천 년
영욕이 흘러 흘러
드높아 가는 한라
제주바다 짙푸르러 가난과
한숨의 껍질들
벗겨내자 새 천년
새 제주 탄생 했나니
천지
새하얗게
날아오르는 불새
꿈꾸는 불새 되어 우리 모두
이 섬
온갖 빛나는 그리움들
한데 모아 눈부시게
예술의 꽃
노래 불러
제주를 꽃피워내자
세계인들

그 꽃 속에 살게 하자
물안개 흐르는 백록 정상에 서면
수평선
아득히
찾아 떠돌던 젊은 날
눈물 속으로 젖어드는
새 이어도여!
보아라, 찬란하게
새 하늘 열려 오나니!

연어의 귀향

몇 년 만에 돌아가는 길이냐
태평양
그 깊고 넓은 바다 어디쯤
시퍼렇게 떠돌다
하천이 폭포 되어 뛰어내리기도 하는 곳
건너
따스한 햇살
만물 키워내는
그 아름다운 곳
회색곰들
흰부리독수리들
우리 죽음 겨냥하고 있다지만
우리를 어쩌지 못하리
달 없는 밤에도
별 없는 밤에도
우리는 우리 죽음 헤엄쳐
귀향하느니
배고픈 너희들, 너희들아! 과연
우리 죽음 뜯어먹고 살겠느냐!
핏빛 그리움들
바람결에 녹아나는

아아
그 곳
철없던 어린 날 떠나
수만 리
낯선 세상 떠돌다
철들고 나서
빈 손 들고
마지막 번지 없는
고향
죽음 한줌 등에 지고
나를 찾아가느니

東鶴寺

가는 길에
비 내린다
유흥 손님들
관광자동차들
싸구려 기념품들
넘쳐난다
계룡산
동학사
나무관세음보살
빗속으로
벚꽃들
무성하게 자라나는
팔도 사투리
이윽고
빗속으로 진다
컴컴하게
오는 길에
비 내린다

立春 무렵

손녀 얼굴 보는 입춘 무렵
서울은 영상이다
초점도 못 맞추는
40일짜리 눈동자에
어리는 할아비 얼굴
산그늘처럼 보얗구나
아이엠에프 극복했다 세상은
이제
봄이라지만
아직
멀어
늦겨울 한강이
겨우 살얼음 머리칼 풀며 흘러간다
황해로 황해로만 흘러간다
그래 봄 오는 제주로 가자
봄빛 찾아보지만
국제자유도시
어쩌고 떠드는 제주에도
마찬가지
봄은 오지 않았다
어느새

보얀 눈동자에
어리는 봄
얼굴
너무 이른 봄
졸음에 고즈넉이
흐리구나

아주 자그만 노래

아무 것이나 사양하지 않는다
가장 유치한 장난감들
색연필들
글자 익히기 책들, ㄱ 기역, ㄴ 니은……
모두 네 살짜리 언니가 쓰던 것들
이 세상
자그만 손에 잡히는 것들
건드린다
돌린다
맛본다
모두
먹으려 하지만 먹지 못한다 그러나
아무 것도 즐겁구나!
똥 냄새로 열리는 장난감 세상
즐겁다
먼지 하나 없다
운다, 똥을 싼다
열 달짜리 生, 지구 끝까지
잠자는 것을 밀어내 버린다

파르르르

천지가
하나로
타오른다
서녘하늘로
날아가는
새 한 마리
어느새
하늘로
잦아들어
아득히
풀린다 노을로
날갯짓
그림자만
파르르르
파닥인다
금빛으로
남아

무지개

처음 그것은 자그만 웃음덩이었습니까
일곱 색깔 물결로 출렁이다가 그것은

하늘 길에 웃음을 휘뿌렸습니까
기쁨이었습니까

이제
그 세상에 있습니까
까르르
까르르르

웃음만이 살고 있습니까
웃음이 되고 싶습니까

웃음 계단을 올라가고 있습니까
지금
웃음이 되어가고 있습니까

세계는 둥글었네

세계는 둥글었네
춤을 췄네 둥글게
둥글게 둥글게

음악에 맞춰 둥글게
앙팡 클라식 구식이지만
누구도 흉내 내지 못할
새롭게 춤을 췄네 새롭게

두 손
마주
잡고

둥글게
춤을 췄네
둥글게 둥글게

세계는 둥글었네
유빈이와 둘이서
둥글게

미움은 그냥 미움으로 남아

육순이 되었다
썩은 사과
귤 같은 미움들

훌훌 털어 버리자
그러나, 아무리 애써도
어림없구나! 미움은

그냥 미움으로 남아
어지럽게
내 마음
썩히느니

썩은 사과 같은
내 삶이여! 이제야
보이는구나 어렴풋이

언제
지상으로 떨어져
폭 썩힐까
망각이 될까

눈동자 새까맣게 빛나고

눈동자 새까맣게 빛나고
라디족
락파 숲에서
천년 자란 나무 위로 올라가
꿀벌들 만들어 놓은
꿀통들 슥싹슥싹
목숨 걸고 도둑질한다 살기 위하여

케이비에스에서 방영하는 다큐멘터리
꿀벌과 라디족
그들 삶의 방식 훔쳐보나니
말리는 것도 뿌리치고
목숨 걸고 취재에 나선 사진 기자 둘
잘못되면 죽기도 한다지만 살기 위하여

삶의 쾌락 찾아
이름 모를 노랑꽃 속에 빠져
꿀벌
한 마리
꿀 모으며 잉잉대고

화면 가득
클로즈업되지만 목숨 걸고
구경하지 않는다 나는

이대해장국 집

벽 하나 가득 걸레스님
낙서와 그림으로 가득한 집
그보다
대한민국에서 해장국이 제일 맛있던 집
전화해도
"없는 전화번호이오니 다시 확인하고 걸어주십시오."
한다
문 닫았을까
그 자그마하고 친절한 아주머니
해장국 한 그릇도
우리 집까지 정성껏
배달해 줬다 찾아가
보았다 유리문에
붙어 있었다 임시 휴업!
한 달 후에도

엉터리나라에서 살아남기 위하여

소식만 있고 비는 그치지 않았다
천둥과 번개만 재미나게 놀았다

천둥이 되려 이웃들 고막 찢어내는 자들
번개가 되려 이웃들 피 가르는 자들

빗속
호박꽃
옥수수꽃
원추리꽃
새들 숨고

겨우
하얗게
부서진 날개 추스르며
새 비상 꿈꾸는

이름 잃은
나비
하나
엉터리나라에서 살아남기 위하여

누우렇게
일하다 자빠진
고대건설
포크레인
꿈들 부수고

길동에서 자귀나무를 만나다

땡볕
무더위 속
연분홍 빛깔
그늘 이뤄
천 갈래 만 갈래
소리 깨는
자귀나무
새파란 이파리들
종이
헬리콥터
하나
날고